I⁸K
1261

NOTES SUR L'ALGÉRIE

RELIZANE

PAR

FÉLIX LABATUT

NOTAIRE, MEMBRE DE L'ASSOCIATION FRANÇAISE

POUR L'AVANCEMENT DES SCIENCES

ALGER
ADOLPHE JOURDAN
4 — PLACE DU GOUVERNEMENT — 4

Mai-Septembre 1881.

RELIZANE

LK 8
1261

NOTES SUR L'ALGÉRIE

RELIZANE

PAR

FÉLIX LABATUT

NOTAIRE, MEMBRE DE L'ASSOCIATION FRANÇAISE

POUR L'AVANCEMENT DES SCIENCES

ALGER
ADOLPHE JOURDAN
4 — PLACE DU GOUVERNEMENT — 4

Mai-Septembre 1881.

ÉTAT DE LA COLONISATION

ALGÉRIENNE

§ Ier

Le 25 mai 1830 une flotte française, réunie dans le port de Toulon, appareillait sous le commandement du vice-amiral Duperré, pour aller venger une insulte faite par Ussein-Pacha, Dey d'Alger, à M. Duval, notre ambassadeur.

La France entière la suivait de ses vœux.

Cette flotte se composait de 104 bâtiments qui devaient jeter sur le sol africain une armée de 40,000 hommes.

La première division de cette armée débarqua le 14 juin en balayant huit à dix mille hommes qui s'opposaient au débarquement.

Le 19, l'armée entière s'emparait du camp de Staouéli que défendaient 30,000 Arabes.

Et le 5 juillet, le drapeau tricolore était arboré sur la Casbah, aux applaudissements de la France.

Il y a donc plus de cinquante ans que nous avons pris possession de la terre algérienne ; — il y a déjà trente-trois ans qu'Abd-El-Kader s'est soumis ; — il y a vingt-trois ans que la Kabylie indépendante a été domptée.

Comment la France a-t-elle rempli sa mission civilisatrice pendant cette période déjà longue ?

Les résultats obtenus sont-ils en rapport avec la grandeur des sacrifices ?

Nous n'hésitons pas à répondre que la France a fait preuve, dans sa colonisation africaine, d'une grande énergie et d'une habileté remarquable.

Nous avons visité, comme membre de l'Association française pour l'avancement des sciences, une partie de l'Algérie ; nous avons été émerveillé de tout ce que nous avons vu et de la grandeur de l'œuvre accomplie.

Sans doute, il y a eu, au début, des tâtonnements, il y a eu même des fautes commises : nous nous sommes, peut-être, trop occupés de la conquête matérielle du pays, et nous avons trop négligé de nous assimiler les Arabes en modifiant graduellement leurs mœurs.

Nous savons que ces critiques ont été faites.

Quoi qu'il en soit, nous sommes rentré convaincu que la France peut montrer, avec orgueil, aux étrangers, sa grande colonie, sans avoir à redouter aucune comparaison.

L'opinion générale est que les Français sont courageux, qu'ils savent vaincre et conquérir, mais on leur refuse, en général, la faculté colonisatrice.

Il n'est pas rare d'entendre des esprits superficiels et chagrins faire des comparaisons qui ne sont pas toujours à notre avantage.

Ils critiquent tout, sans se rendre compte des immenses difficultés qu'il y a eu à vaincre.

A l'appui de leur raisonnement, ils invoquent souvent l'exemple des Anglais et des Américains, et ils concluent en disant que si l'un de ces deux grands peuples avait eu l'Algérie en sa possession, elle serait aujourd'hui complètement soumise et dans un état plus prospère.

A ceux qui pourraient partager cette opinion nous dirons :

Pour bien comprendre toute l'étendue des difficultés vaincues, il est utile de préciser quelques faits.

Chaque peuple a ses instincts, son tempérament national.

Le Français est profondément attaché à son sol ; l'émigration fait chez nous peu de progrès.

La propriété foncière est morcelée ; nous n'avons plus de grands domaines, et nos lois de successions, en donnant à tous les enfants un droit incontesté sur le patrimoine du père, les retiennent au sol dans l'espoir qu'ils en posséderont un jour une parcelle.

Nous n'avons pas de familles nombreuses, comme en Angleterre, par suite, pas de cadets à envoyer dans l'Inde, et il nous reste un faible élément pour la colonisation.

Et puis nos lois nous protègent trop ; elles nous enlèvent toute spontanéité, toute initiative ; elles nous habituent, plus qu'il ne faut, à faire reposer, sur l'état seul, tout notre espoir, tout notre avenir.

Mais si du moins la France avait trouvé, en Algérie, un sol préparé, un sol propice à recevoir les semences de la civilisation !

Elle a eu, au contraire, à combattre et à vaincre une société à demi-civilisée, composée de membres belliqueux défendant, pied à pied, les armes à la main, leur sol envahi et dont le signe caractéristique est le penchant à la lutte pour l'indépendance.

Dans une grande partie de l'Algérie, nous avons eu à lutter contre la constitution de la tribu Arabe et la propriété collective, ce qui veut dire contre l'arbitraire, les extorsions des chefs Arabes et la misère des populations comme conséquence.

Cette possession indivise de la propriété a été pendant longtemps un obstacle insurmontable à tous progrès ; elle arrêtait toute transaction entre Européens et Arabes.

L'Administration n'a cependant négligé aucun moyen, et quelquefois même, elle n'a pas reculé devant l'injustice envers les indigènes, pour assurer, par l'élément Français, le peuplement de l'Algérie.

Il n'était pas facile de donner la terre aux immigrants dans un pays habité par un peuple guerrier, chez lequel la propriété existait et était cultivée.

On a obtenu néanmoins de grands résultats en s'appropriant, au début, les biens du Beylick, plus tard ceux des Turcs ; ensuite ceux des Arabes, par l'expropriation, en attendant qu'une nouvelle insurrection autorisât de nouveaux séquestres.

Dans le principe, on donnait les terres gratuitement ; on subventionnait même les colons.

En 1848, la concession était toujours gratuite ; — le génie construisait des maisons ; — les colons et leurs familles étaient nourris gratuitement pendant trois ans.

Aujourd'hui la terre seule est donnée gratuitement aux colons, de telle sorte que le gouvernement français *achète* à beaux deniers ce qu'il *concède* gratuitement.

Mais on ne s'arrêtera pas là.

Une loi vient d'être votée par la Chambre des députés pour faciliter le peuplement et la prospérité des centres en formation.

La nouvelle loi accorde une hypothèque privilégiée au prêteur qui aura donné des fonds destinés à des travaux de construction, d'améliorations agricoles ou à l'achat de cheptel.

Lors de la conquête, les Français trouvèrent le pays dans un état de barbarie incroyable.

Pas de voies de communication, pas de routes carrossables, mais des sentiers seulement.

Les fossés d'assainissement et d'écoulement manquaient entièrement ; — de nombreux marais insalubres donnaient naissance à des fièvres et à toutes sortes de maladies.

Guerre perpétuelle entre les tribus ; — la loi méconnue ; — le pillage organisé ; — le commerce anéanti faute de sécurité ; — plus de justice, plus d'impôts, plus de culture, tel était l'état du pays.

Tout était donc à créer, et certainement il a fallu des prodiges de courage et de ténacité pour faire, par exemple, de la plaine de la Mitidja, autrefois un foyer de fièvres, le centre le plus salubre et, peut-être, le plus florissant de toute l'Algérie.

Tour à tour soldats et laboureurs, nos colons ont montré une énergie indomptable pour soutenir la lutte contre le climat meurtrier et contre les indigènes toujours en armes.

Le travail a été certainement rude, car l'Afrique est considérée comme le continent le plus difficile à conquérir à la civilisation moderne.

Malgré toutes ces causes d'infériorité colonisatrice inhérentes à notre pays, malgré les obstacles de toute nature, comment la France a-t-elle rempli sa mission, et dans quelle situation se trouvent aujourd'hui l'agriculture, le commerce et l'industrie du pays conquis ?

§ II

Constatons, tout d'abord, que ce pays n'est pas un département français, comme on l'a appelé bien à tort; — c'est au contraire un grand royaume.

En lui donnant pour limites au Sud, dans le Sahara, une ligne à peu près parallèle à la côte, on obtient depuis l'oasis de Chambaa une superficie de 66 millions d'hectares, c'est-à-dire une superficie égale, si non supérieure, à celle de la France, de la Belgique, de la Hollande et de la Suisse réunies.

L'agriculture a fait de grands progrès dans tout le territoire soumis; — si cette contrée a été appelée autrefois le grenier de Rome, le jour n'est peut-être pas éloigné où elle deviendra le grenier de la mère patrie.

La production limitée, au début, au blé et à l'orge s'est considérablement agrandie; elle embrasse maintenant l'avoine, le seigle, le lin, le tabac et la garance.

Pendant l'année 1879, l'exportation du blé, de l'orge et de l'avoine a atteint le chiffre imposant de 1,531,108 quintaux métriques.

Les productions maraichères, parmi lesquelles le commerce des primeurs tient un rang très important, ont pris un grand développement.

Le bétail est devenu la source de grands revenus, l'exportation seule des moutons s'est élevée dans le courant de la même année à 741,745 bêtes.

La vigne fera, un jour, la fortune de l'Algérie ; plus de 24,000 hectares sont déjà en pleine production, et les plantations qui sont faites sur une vaste échelle font prévoir à bref délai une production importante qui viendra réparer, en France, les ravages du phylloxéra.

La sériciculture ne produit pas encore ce qu'elle pourrait donner ; lorsque les colons voudront sérieusement s'en occuper, elle est appelée à un grand avenir.

La propriété terrienne a acquis une valeur sérieuse, et l'écart qui existait entre elle et celle de la France se restreint de jour en jour.

L'industrie est lente à se créer chez un peuple agricole ; — cependant aujourd'hui elle s'éveille.

« A la pêche du poisson, du corail et des

« éponges, l'Algérie a successivement ajouté
« des ateliers de salaison, des savonneries,
« des verreries, des fonderies, des fabriques
« de tabac, de bouchons, de pâtes alimen-
« taires et de chocolat, des salines, des
« chantiers de constructions maritimes, des
« usines pour la préparation du lin et pour
« l'apprêt des tissus, des tanneries, des
« moulins à huile et à farine, des fabriques
« de crin végétal, des ateliers de tonnellerie
« et de foudrerie, l'exploitation de l'Alfa, des
« essences, de la résine, des ateliers d'ébé-
« nisterie, etc., etc. »

Le commerce de l'Algérie s'est développé dans de grandes proportions ; ses transactions, qui ne dépassaient pas en 1831 sept millions, ont suivi la progression suivante :

En 1840.........   60 millions.
En 1850.........   90   —
En 1860.........   220   —
En 1870.........   300   —
En 1880.........   424   —

Ses relations commerciales s'étendent avec l'Europe, l'Asie et l'Amérique ; par sa situation elle est de plus appelée à devenir le centre des transactions avec les nombreuses populations du Soudan.

Les travaux maritimes ont été l'objet d'une grande sollicitude ; de nombreux débarcadères et des mouillages ont été exécutés sur plusieurs points de la côte.

Sept ports ont été ouverts aux navires de toutes les nations, quarante-quatre phares éclairent les côtes dangereuses.

Tout le territoire est desservi par un réseau de routes d'une longueur de 10,500 kilomètres, enserrant dans leurs mailles tous les centres de quelque importance.

1,282 kilomètres de chemins de fer sont en exploitation, beaucoup de projets de nouvelles lignes sont à l'étude ; tout fait prévoir bientôt de nombreuses et importantes concessions.

Pour les dessèchements, l'Administration a dépensé des sommes importantes ; — les résultats ont été considérables au point de vue de la salubrité publique.

Demandez aux colons de la Mitidja, de Bouffarick et d'Affreville des renseignements sur l'état sanitaire de leur ville, de leur contrée, ils vous diront que partout il y a le bien-être et la santé.

Avec le soleil ardent de l'Algérie, les irrigations devenaient une nécessité absolue.

Aussi les rivières de l'Harrack, de la Chiffa, de l'Oued-Djemmaa, et beaucoup d'autres ont-elles été endiguées; la dérivation du Chélif est en ce moment en cours d'exécution.

On ne s'est pas contenté de l'endiguement des rivières, on a coupé les vallées par des barrages réservoirs, pour emmagasiner l'eau hivernale et la faire servir à l'arrosage des terres.

Toutes les villes ont été transformées ; — plusieurs, nées depuis peu de temps, sont déjà très prospères.

Les administrations fonctionnent comme en France : mines, ponts et chaussées, forêts, postes, enregistrement, domaines et contributions indirectes.

Plus de 600 écoles communales sont fréquentées par 53,304 enfants ; trois écoles normales forment les maîtres nécessaires pour l'enseignement primaire.

Les établissements publics d'enseignement secondaire sont au nombre de 14, dont un lycée et 13 collèges ou établissements libres, fréquentés par plus de 4,000 élèves.

Tous les rouages compliqués de l'administration d'un peuple avancé en civilisation ont été créés en Algérie.

On le voit donc, il est permis d'affirmer que la France s'est montrée, dans la colonisation, à la hauteur de sa mission sur le sol africain.

Ce n'est pas le patriotisme qui nous aveugle ; nous savons qu'il a été fait plusieurs fois fausse route dans les divers systèmes employés pour la colonisation, qu'il a été même commis des fautes graves ; mais pour savoir la vérité à cet égard, il faut aller la chercher chez nos rivaux, chez les étrangers.

Dans un remarquable article qui vient de paraître dans la *Revue des Deux Mondes* sous ce titre : « la France et l'Italie à Tunis, » nous trouvons les lignes suivantes :

« A tous ceux qui désirent se former, sur la foi d'un juge absolument désintéressé, une idée exacte des sacrifices que s'est imposés la France, pour civiliser ses possessions algériennes, on ne peut trop recommander la lecture d'un livre dont l'auteur est un voyageur russe, du premier mérite qui fait autorité : M. de Tchihatchef a rapporté d'Afrique la conviction que « l'œuvre accom-
« plie par la France en Algérie n'a été
« surpassée nulle part et qu'elle a été égalée
« rarement. »

« Un autre juge, dont l'impartialité est moins suspecte encore, le célèbre explorateur allemand, M. Rohlfs, a déclaré de son côté,
« que quiconque a pu voir, comme lui, les
« prodigieux travaux exécutés par les Fran-
« çais en Algérie, n'éprouvera qu'un senti-
« ment de pitié pour ceux qui oseraient
« encore prétendre que les Français ne
« savent pas coloniser. »

L'opinion de ces deux illustres étrangers sur les affaires algériennes doit mettre en fuite, pour toujours, les erreurs et les préjugés qui germent si facilement dans le cerveau de nos concitoyens de la Métropole.

Notre but exclusif, au lendemain de notre voyage en Algérie, était d'appeler l'attention sur une région de la province d'Oran qui, depuis quelques années, marche d'un pas assuré dans la voie du progrès économique, industriel et agricole.

Nous ne voulions parler que de la ville de Relizane et de la nécessité de plus en plus impérieuse qui nous paraît s'imposer au gouvernement général de résoudre dans le sens des vœux des hommes spéciaux et de la municipalité la question des casernes, question qui depuis longtemps préoccupe vivement les esprits.

Mais, quand de retour dans la mère patrie, nous avons entendu les clameurs malsaines de l'esprit de parti ; quand nous avons pu constater que des ennemis des institutions républicaines profitaient des événements dont la Tunisie est le théâtre, pour s'efforcer d'égarer l'opinion publique sur l'état de notre colonie algérienne, nous avons cru devoir tout d'abord établir, par des faits indéniables, les résultats considérables déjà obtenus depuis la conquête, et essayer de réagir ainsi, avec quelque efficacité, contre les attaques systématiques de l'ignorance ou de la mauvaise foi.

La forme républicaine fut l'idéal de notre jeunesse : et si dans le milieu où nous avons vécu pendant vingt ans des circonstances spéciales nous ont fait conserver une attitude pleine de réserve dans les luttes de la politique militante, nous avons vu avec satisfaction l'idée républicaine faire des progrès sensibles dans toutes les couches de la société.

Aujourd'hui les bourgeois, les industriels, les commerçants et les hommes d'affaires comprennent, de plus en plus, que le gouvernement républicain peut donner satisfaction aux légitimes aspirations des masses, et inaugurer sérieusement dans l'ordre économique et dans l'ordre social l'ère féconde des réformes sages et progressives.

RELIZANE

§ Ier

Relizane est une petite ville neuve, bien vaillante, une ville d'une grande vitalité, à laquelle un grand rôle est, peut-être, réservé dans un avenir peu éloigné.

Nous avons été accueilli à Relizane par un compatriote, par un ami.

Il a été un des premiers pionniers qui ont osé s'établir au milieu des marais et des gourbis de Relizane.

Aujourd'hui il fait partie de l'administration municipale, et tout son dévouement est acquis à sa chère ville qu'il a vu naître.

Nous avons mis à profit son hospitalité pour visiter la ville et étudier les ressources du pays.

Nous avons entendu formuler des plaintes, nous avons aussi écouté avec intérêt les vœux émis pour la prospérité de la ville.

Nous ne voulons pas garder, pour nous seul, les notes que nous avons prises, parce qu'il nous paraît utile d'appeler l'attention sur cette colonie trop délaissée.

Si notre travail ne lui est d'aucune utilité pour la prompte réalisation de ses légitimes espérances, il sera du moins un écho sympathique de tous les vœux que nous formons pour son avenir et sa prospérité.

Le voyageur qui se rend aujourd'hui d'Alger à Relizane doit prendre la voie ferrée d'Alger à Oran.

Le train, après avoir traversé Mustapha,

l'Agha, Hussein-Dey et la Maison Carrée, qui rappellent, sous beaucoup de rapports, les environs de Paris si riants et si animés, entre bientôt dans la plaine de la Mitidja, cette perle de l'Algérie.

Pendant soixante-dix kilomètres environ, il court à travers cette plaine riante, couverte de belles fermes, de maisons de campagne et plantée d'oliviers, de citronniers et d'orangers dont la vue provoque un réel enthousiasme.

A gauche de la voie, les montagnes du Sahel et de l'Atlas bornent agréablement l'horizon ; à droite, une plaine immense, d'une merveilleuse végétation, se déroule aux yeux éblouis.

A cent kilomètres environ d'Alger, la voie franchit l'Atlas au moyen de deux tunnels et de quelques viaducs ; elle entre dans le bassin du Chélif.

La plaine du Chélif offre un magnifique panorama ; les terres, très fertiles, y ont acquis une grande importance agricole.

Ce sont les plaines de la Beauce avec leur richesse et leur monotonie.

Le train franchit rapidement les dernières stations d'Orléansville, d'Inkermann, de Saint-Aimé, des Salines et nous entendons, à l'arrêt, le cri de Relizane, Relizane.

§ II

Cette petite ville ne date que de l'année 1859.

A cette époque, l'administration militaire, frappée des avantages de la situation topographique, décida la création d'un centre européen sur l'emplacement occupé par la ville actuelle.

Le lieu était bien choisi.

Il n'est pas rare de rencontrer des colons qui vous disent encore aujourd'hui, avec un certain orgueil :

« J'ai chassé la caille dans ce jardin « public. »

« Sur cette place se dressait la tente du « chef de la tribu des Mehal. »

C'est qu'en effet tout le territoire, qui compose la commune de Relizane, n'était qu'une plaine aride, dénudée et sans verdure.

Cette plaine n'était sillonnée par aucun chemin ; toutes les communications avec Orléansville, Mostaganem au nord, et avec Maskara et Thiaret au midi, se faisaient sur simple piste arabe.

Le sol n'était pas cultivé, de nombreux marais salants tachetaient cette vaste étendue et entretenaient des miasmes paludéens occasionnant des fièvres pernicieuses.

La propriété du sol était délaissée : les indigènes eux-mêmes n'en voulaient pas ; tout le territoire appartenait au Beylik qui l'occupait avec la tribu des Mehal, chargée de fournir un certain nombre de cavaliers ou de réguliers pour percevoir les impôts.

Aucune plantation ; — pas de maisons ; — quelques gourbis seulement rompaient l'uniformité de cette solitude.

A huit kilomètres en amont de Relizane, sur la rivière de la Mina, on voit encore pourtant quelques restes d'un barrage.

Ce barrage servait à l'alimentation d'une ville romaine qui a existé et que l'on croit être la Mina de l'itinéraire d'Antonin. Il existe encore quelques ruines que les habitants désignent sous le nom de ruines romaines.

Le marabout de Sidi-Abd-el-Kader, situé à un kilomètre de Relizane, sur une ondulation de terrain, était la seule construction ; il a servi de base au génie militaire pour la construction d'un petit fortin qui commande la ville.

Telle était Relizane il y a vingt-deux ans.

§ III

Aujourd'hui la première chose qui frappe l'étranger, c'est le vaste jardin de la gare où les arbres fruitiers de l'Europe vivent et grandissent, pêle-mêle, avec l'oranger, le goyavier, le caroubier et le néflier du Japon.

De beaux platanes et de magnifiques eucalyptus encadrent la station et la couvrent d'un dôme de verdure.

Nous entrons ; la salle d'attente est encombrée d'indigènes qui se rendent au marché ; parmi eux, deux ou trois Européens seulement ; nous éprouvons une certaine émotion, difficile à définir, en nous trouvant, pour la première fois, seul, au milieu de ce peuple inconnu et nouveau.

C'est que, jusqu'ici, nous n'avons vu qu'Alger et ses environs, avec ses beaux hôtels, ses cafés, ses boulevards et sa civilisation : nous sommes maintenant en vrai pays arabe.

Nous nous figurions voir Relizane entourée d'une enceinte précédée d'un fossé retranchement.

Pour une colonie algérienne, cette enceinte nous paraissait être d'une nécessité absolue, aussi bien en temps de paix qu'en temps de guerre ou d'insurrection.

Elle aurait, en effet, plusieurs avantages.

Elle délimiterait le périmètre du village ou de la ville ; elle permettrait d'y assurer la police, d'en interdire l'accès aux indigènes quand on le jugerait nécessaire.

Elle serait de plus une garantie de sécurité contre les voleurs et les coups de main.

Relizane cependant est sans enceinte, sans fossé ni retranchement; c'est une ville complètement ouverte, paraissant ne se douter nullement du voisinage de la turbulente tribu des Flitta et avoir entièrement perdu le souvenir de l'insurrection de 1864.

L'aspect de Relizane est celui d'une jolie petite ville de France; elle respire un air d'aisance et de bien-être incontestables; on voit, dans les moindres détails, qu'une municipalité intelligente et dévouée en a la direction.

Relizane, chef-lieu de canton, compte une population de plus de 4,000 habitants, qui se décompose ainsi : 900 Français, 1,500 indigènes, 1,300 étrangers et environ 300 Israélites.

Cette petite ville est encore chef-lieu d'une commune mixte de 23,000 habitants, dont 100 Français.

Elle n'a rien à envier à aucune ville de

France de la même importance ; nous en connaissons qui lui sont bien inférieures.

Il n'y a pas ici comme dans beaucoup de villes de l'Algérie ce dédale de rues et d'impasses, ces passages étroits et couverts où, pour marcher, il faut se baisser si l'on ne veut pas se rompre la tête aux poutres des maisons.

Les rues sont larges, bien entretenues ; les maisons sont blanches et bien construites.

Par ses seules ressources, sans subvention, sans le secours de l'Etat ni du département, Relizane a su se procurer tout ce qui lui est nécessaire.

Un magnifique groupe scolaire, dans une belle situation, en face la gare, élevé d'après un plan très bien conçu, renferme une nombreuse population de garçons et de filles.

Il vient d'être construit tout récemment un hôpital, composé de trois pavillons indépendants les uns des autres, tous très bien aménagés, environnés d'un vaste jardin arrosé ; un mur de deux mètres de haut, avec meurtrières, clôture tout cet ensemble.

Quarante malades y sont en moyenne traités tous les jours; la direction du service est entre les mains d'un docteur intelligent et dévoué et d'un interne appointé.

Une belle église, non encore terminée, s'élève en face du jardin public; peut-être a-t-on commis la faute de l'avoir entreprise dans des proportions trop grandioses.

Des bornes fontaines, placées à tous les coins de rue, alimentent abondamment la ville et contribuent au bon entretien des voies publiques; une machine déverse les eaux de la Mina dans de grands bassins filtres, et un château-d'eau permet de les distribuer dans toutes les maisons de la ville.

La municipalité s'occupe encore d'améliorer cet état de choses; le captage des sources de l'Oued-An-Seur étant décidé, elle a obtenu pour Relizane, dans la répartition, un débit de quatre litres par seconde ; avec ce supplément, les habitants ne seront plus forcés de boire les eaux de la Mina, un peu troubles, quand les grandes crues arrivent.

Toutes les rues bordées de trottoirs avec caniveaux en briques sont arrosées et lavées deux fois par semaine ; avec ce système, la population a été mise jusqu'ici à l'abri de toute maladie contagieuse.

Les lavoirs et abreuvoirs sont construits dans des conditions qui ne laissent rien à désirer.

Un marché couvert suffit à tous les besoins de la population.

Un abattoir bien aménagé, pourvu abondamment d'eau, sous le contrôle d'un vétérinaire appointé par la ville, permet de fournir aux boucheries des viandes saines et abondantes.

Relizane a créé et entretient avec le plus grand soin un jardin public situé au centre de la ville ; des places publiques, des promenades plantées de beaux arbres offrent aux habitants, contre les rigueurs du climat, de délicieux ombrages.

Une station d'étalons de douze chevaux existe à Relizane ; elle a pris une telle importance que MM. les officiers supérieurs de la remonte auraient demandé, depuis fort longtemps, le transport, dans cette ville, du dépôt de Mostaganem, si les frais de barraquement et d'installation n'avaient été pris en sérieuse considération.

M. le colonel Bréard, directeur général de l'Algérie, aurait plusieurs fois manifesté cette intention.

Citons enfin la justice de paix, la mairie, un beau cimetière complètement clos.

Les indigènes musulmans et les Juifs ont dans la ville leurs bains et leurs édifices religieux.

La gendarmerie et la police assurent le bon ordre et une sécurité suffisante.

Tous les services publics sont bien organisés ; le droit commun est appliqué dans toute sa rigueur.

Une chose cependant manque à Relizane : une garnison ; elle y serait utile, même nécessaire ; depuis bien longtemps, elle est demandée par la population.

Dans un pays neuf, l'autorité locale n'a pas toujours une action assez prépondérante sur la population hétérogène, et, dans certaines circonstances critiques, chacun reste trop livré à ses propres forces pour sauvegarder ses intérêts compromis.

C'est le cas pour Relizane ; une garnison de deux compagnies seulement aurait un effet moral incontestable dans tout le pays.

Il n'y a sans doute plus à craindre aujourd'hui une insurrection comme celle de 1864.

A cette époque, les femmes, les enfants et les vieillards se réfugièrent dans le fortin qui servait alors d'hôpital, tous les hommes valides prirent les armes, disposés à vendre chèrement leur vie ; les insurgés, au nombre de plus de 20,000, frappés des dispositions prises pour la défense, se dispersèrent dans la plaine ; ils pillèrent les récoltes, ils incendièrent les fermes, et 17 colons furent égorgés.

Depuis, plusieurs villages ont été créés autour de la ville ; ceux de Thiaret et de Remourah ont acquis une grande importance ; tous ces petits centres serviraient de tampons contre les hordes d'indigènes ; le chemin de fer est là aussi pour apporter, en quelques instants, les renforts qui seraient nécessaires.

Mais ce qu'il y a surtout à redouter, ce sont les pillages, les vols partiels et les coups de main isolés.

Si, par exemple, les indigènes, dans un moment d'effervescence, tout en respectant la vie et les biens des Européens, se contentaient de briser les deux vannes du barrage de la Mina !

Qu'arriverait-il ?

La ville et la plaine n'auraient pas de l'eau ; les colons, obligés de conduire leurs bestiaux à la Mina, encaissée avec des berges de 8 à 10 mètres, se trouveraient exposés aux razzias des indigènes.

La ville elle-même, privée d'eau, serait bloquée jusqu'à l'arrivée des renforts ; les habitants trop peu nombreux pour tenter une sortie élèveraient des retranchements à la hâte pour défendre leurs biens et leurs familles.

La présence d'une garnison et de quelques escadrons de cavalerie surtout produirait dans toute la région un salutaire effet; il n'y aurait pas certainement à craindre les difficultés d'approvisionnement, les fourrages y sont en abondance, et l'orge s'exporte à de grandes distances.

L'administration obtiendrait ainsi un double résultat, l'écoulement des produits surabondants et la sécurité de la population.

LE MARCHÉ

Ce qui donne surtout une grande importance à Relizane, c'est son marché, un des plus importants de l'Algérie.

C'est le rendez-vous des commerçants; les Arabes du Sud, du Maroc et de la Kabylie le fréquentent ; l'armée elle-même y vient faire l'achat de ses meilleurs chevaux, la race chevaline de la vallée du Chélif et des Flittas étant très estimée.

Les transactions commencent le mercredi à midi et ne se terminent que dans la soirée du jeudi.

Nous avons eu la bonne fortune de voir le marché du 21 avril 1881 ; — nous étions alors dans les premiers jours de l'expédition Tunisienne.

L'émotion était grande parmi les Arabes et surtout parmi les tribus de la région Oranaise.

Dans la nuit plusieurs dépêches émanant des administrateurs civils de Perrégaux et de Zemmora annonçaient que le marché serait agité, elles recommandaient de prendre des mesures de prudence.

La municipalité, mise en éveil, fit établir des postes dans toutes les avenues, à l'entrée de la ville ; tous les indigènes, à leur arrivée, étaient fouillés et débarrassés de leur *matraque*.

La gendarmerie occupa les postes désignés et la population se tint sur le qui-vive.

Avant de nous rendre au marché, notre

ami voulut aller aux informations chez le Kalifa.

Ce chef exerce sur tout son territoire une autorité politique et administrative.

« Le marché sera tranquille, nous dit-il;
« l'agitation n'est qu'à la surface; il n'y
« a rien à craindre; je crois pouvoir répon-
« dre de tout. »

Cette déclaration nous rassura.

Les marchés sont très fréquentés en Algérie. L'Arabe aime deux choses; la Mosquée, pour faire ses prières et ses ablutions, et le marché, dont il a besoin pour l'échange de ses denrées et de certains objets de première utilité.

Aussi toutes les tribus voisines, les Flittas, les Beni-Ameur, les Hatchem, étaient-elles représentées.

L'Arabe est de la race blanche, il est grand et vigoureux; il a le front fuyant, les yeux vifs, le nez busqué, les cheveux et la barbe noirs.

Suivez-nous maintenant, si vous voulez,

au milieu de cette foule, de cette cohue de bêtes et de gens.

Nous voici au quartier des bœufs et des moutons.

Nous nous mêlons aux groupes; les Arabes parlent beaucoup, mais souvent pour ne pas dire grand'chose; les conversations sont animées; ils se plaignent du temps, de la sécheresse; le soleil a tout brûlé; — ils n'ont rien à donner à leurs bestiaux; — tous veulent vendre, mais les acquéreurs manquent, les affaires sont rares.

Il y a près de nous un lot de cinq bourricots dont le propriétaire est un grand gaillard, aux formes athlétiques, au teint bronzé, au regard dur, et que certainement vous n'auriez pas été bien aise de rencontrer, la nuit, au coin d'un bois.

Il reconnaît l'adjoint; — il nous salue.

Par curiosité nous lui demandons le prix de ses animaux.

— Combien veux-tu de tous les cinq ?
— Cinquante francs.
— Non, c'est trop cher; — vingt-cinq francs.

— Quarante francs, trente-cinq francs, répond l'Arabe.

Nous nous éloignons de peur qu'il nous prenne au mot.

Les bœufs nous paraissent bien petits de taille et d'une qualité inférieure ; ils sont presque tous d'un pelage fauve ; les bœufs indigènes sont malheureusement élevés sans soins et abandonnés aux seules ressources de la nature ; avec une alimentation rationnelle, les colons cependant les transforment promptement ; — ils deviennent bons pour le travail et pour la boucherie.

Les moutons sont relativement d'une qualité supérieure ; — ils se rapprochent beaucoup de nos moutons de France.

Mais quel est ce groupe là-bas ?

Ce sont des Arabes qui se rasent entre eux dans un coin, sans savon et avec le premier couteau qui leur est tombé sous la main ; le patient, quand il se débarrasse de son bourreau, peut, en toute assurance, répéter le vieux proverbe Arabe : « *mieux vaut être rossé que rasé.* »

Les indigènes ne connaissent guère la médecine ; s'ils ont une maladie interne, le suc de quelques végétaux leur suffit ; si c'est une blessure, avec un peu d'huile, de soufre et de résine, ils composent un remède qu'ils appliquent sur leur plaie.

Cependant ils ont eux aussi, comme nous, dans nos foires, leurs guérisseurs ; — ces guérisseurs étaient au marché, distribuant des talismans, des amulettes contre les maladies et contre le mauvais œil.

A côté, un indigène opérait des saignées et ses clients étaient nombreux : toutes les saignées se pratiquent à la nuque et avec un système de ventouse qu'il nous serait difficile de décrire.

Et ces marchands assis au milieu de leurs marchandises que vendent-ils ? de tout : des oranges, des dattes, des pois chiches, des oignons et de l'ail :

De la poudre de Henné, dont la femme se servira pour teindre ses ongles, ses mains et ses lèvres, et le mari pour colorer les queues et les crinières de ses chevaux.

On trouve encore dans ces étalages du safran, de l'opium, du ricin, du séné, du poivre, du café.

Nous nous arrêtons devant une femme Arabe ; elles ne sont pas nombreuses au marché, c'est une exception ; elle est voilée et toute recroquevillée ; elle fait du café, du *kahoua* qu'elle vend aux indigènes dans de petites tasses.

Ce liquide nous parut d'une origine ténébreuse.

La femme Arabe au marché, avons-nous dit, est une exception ; — elle quitte en effet rarement le Douar ; elle ne se mêle pas à la vie active.

Pour le riche, c'est un objet de luxe ; — pour le pauvre, c'est une bête de somme ; à cette dernière les travaux pénibles et rebutants ; elle est comme une esclave au service de son seigneur et maître ; quand une fille naît, c'est toujours pour l'Arabe une « Malédiction. »

Depuis la conquête le sort de la femme n'a pas changé ; s'il y a eu quelques atténuations à leur triste sort, elles ne se rencontrent que dans les villes.

Voici à deux pas de nous le marchand de menus ouvrages d'économie domestique, tels que paniers, nattes, corbeilles, balais, tapis ; il n'appelle pas le client, il l'attend.

Nous voulons cependant sortir de la foule, il nous tarde de quitter cette atmosphère imprégnée de toutes les odeurs malsaines de la création.

Des gardes indigènes à cheval font la police du marché : l'un d'eux, répondant à l'adjoint qui nous accompagne, lui donne l'assurance que la poudre « ne parlera pas aujourd'hui. »

Voici les boucheries ; elles sont installées avec bien peu de luxe ; — jugez-en :

Les bêtes sont amenées, jetées par terre, la tête tournée vers la Mecque et égorgées ; elles sont immédiatement vidées, découpées en menus morceaux enfilés à une corde suspendue à deux pieux ; les clients arrivent, achètent à vue d'œil, paient et se retirent.

Le marché est par nous visité dans tous les sens ; nous cherchons en vain ces mille petits riens, tous ces objets indispensables à un peuple civilisé qui sont en si grande abondance dans les foires de la mère patrie.

Ils n'y sont pas.

C'est que la civilisation n'a pas encore effleuré ces natures rebelles : peuple nomade et vivant sous la tente, l'Arabe est complètement réfractaire à tous les progrès ; il n'a pas de besoins, il vit de peu.

Il faudra encore de bien longues années pour régénérer cette société ensevelie dans le fatalisme mahométan, pour faire, de notre colonie, un marché important pour les produits de la métropole.

Voulez-vous voir maintenant, nous dit notre bienveillant compatriote, le village des nègros, le voilà, là-bas, à deux cents mètres.

LE VILLAGE DES NÉGROS

La réunion de nombreuses huttes coniques, toutes construites et couvertes en paille, forme, ce qu'on appelle dans le pays, le village des négros.

Quelques-unes de ces tentes sont entourées par une barrière de pieux, reliés entre eux par une haie de cactus ou de lentisques.

Un chien est le gardien fidèle du logis.

Les nègres ne se mêlent pas aux indigènes ; ils vivent à part, leur nombre tend à disparaître de jour en jour.

Ce sont les descendants des Berranis ou Etrangers, que les Pacha, continuellement en guerre avec les souverains mahométans du centre de l'Afrique, emmenaient en esclavage.

A l'époque de la conquête, toute cette population nègre était soumise au plus dur esclavage ; elle était hors la loi musulmane.

La loi française les affranchit en les plaçant au même rang que les indigènes.

Ils ont bien conscience de leur situation, aussi ont-ils une haine profonde pour leurs anciens maîtres et tyrans et, pour la France, une sympathie non dissimulée.

Laborieux et durs à la peine ils sont manouvriers, terrassiers, portefaix ; ils font tous les métiers les plus pénibles ; les négresses sont masseuses dans les bains maures, servantes et sorcières.

Les négresses étaient occupées à leurs travaux domestiques.

Devant une tente, plusieurs fabriquaient leur pain.

L'une écrasait le grain entre deux pierres.

L'autre pétrissait la farine, avec de l'eau, et arrondissait la pâte en forme de galette.

La troisième faisait cuire les galettes sur de la braise en plein vent.

Ces petites opérations s'effectuaient simultanément.

Une d'elles nous offrit gracieusement une galette d'un beau noir d'ébène; notre refus accompagné de quelques pièces de monnaie ne lui fut pas bien sensible.

Les huttes sont toutes construites sur le même modèle; là, tout grouille, pêle-mêle, bêtes et gens.

Mais dans toutes, une nombreuse marmaille, prenant toute nue un bain de soleil, jouant et gambadant comme de petits démons noirs.

Dans une tente moins pauvre que les autres, une jeune mère de vingt ans soigne son bébé; au moyen d'un morceau de calicot, enroulé autour de ses reins, elle tient son enfant suspendu derrière son dos, et après avoir rejeté ses seins en arrière, elle lui donne son lait ; elle a ainsi la liberté de ses mouvements pour tisser la natte qu'elle confectionne.

Les tentes sont vides ; — tout le monde est dehors ; — on cuit dans ces bouillotes, et si toute figure humaine, qu'elle soit noire ou blanche, est le miroir de l'âme, il n'est pas douteux que nous leur sommes sympathiques.

Pour nous la conviction est faite; dans une insurrection, ces nègres se rangeront à nos côtés pour combattre nos ennemis qui sont aussi les leurs.

CONDITIONS HYGIÉNIQUES

STATISTIQUE

Il est bien fâcheux que Relizane conserve encore auprès de certaines personnes mal renseignées sa réputation de ville insalubre et malsaine.

Les bonnes comme les mauvaises réputations sont difficiles à déraciner, même lorsque les causes qui leur ont donné naissance ont disparu depuis longtemps.

C'est le cas pour Relizane.

Lorsque la ville était en formation et que les premiers colons vinrent s'y installer, ils vivaient tous sous la tente ; leur nourriture se composait presque exclusivement de viandes salées et de légumes secs : ils n'avaient pour boisson que l'eau non filtrée de la Mina, et celle, bien plus mauvaise encore, des anciens canaux indigènes.

Les fièvres de Relizane étaient alors terribles.

Soumise à un pareil régime, la population ne pouvait être que décimée : elle se renouvela trois fois en quelques années.

Le pays méritait bien le nom de Cayenne que lui donnaient les gens du littoral épouvantés.

Une des principales causes de cette mortalité effrayante fut celle-ci.

En 1859, quand le barrage de la Mina fut terminé et que les terrains irrigables furent mis en culture, l'eau mal distribuée et imparfaitement dirigée, dans des canaux provisoires, forma de vastes marais dans les parties basses de la plaine.

Ces eaux croupissantes augmentèrent encore les fièvres existantes : la place n'était plus tenable ; il fallait abandonner cette contrée inhospitalière, ou bien réagir vigoureusement et chercher un remède prompt et énergique.

Ce dernier parti prévalut.

Les propriétaires du terrain se constituèrent en syndicat, tous les usagers en firent partie de droit.

Les membres élus de la Commission se mirent résolument à l'œuvre.

Avec le produit des cotisations annuelles s'élevant à 40,000 francs, et avec un emprunt de 240,000 francs, ils construisirent soixante-douze kilomètres de canaux pour l'irrigation de la plaine arrosable et deux grands canaux d'écoulement.

De nombreuses plantations complétèrent l'assainissement du pays.

Les résultats ne se firent pas longtemps attendre ; depuis cette transformation les fièvres ont complètement disparu et la plaine de Relizane peut être aujourd'hui classée parmi les contrées saines de l'Algérie.

Si quelques cas de fièvre se présentent encore isolément, c'est parmi les familles récemment arrivées dans le pays ; c'est surtout, parmi les immigrants Espagnols, en général peu fortunés, réfractaires à toutes les prescriptions de l'hygiène.

Il est impossible de ne pas dire un mot d'une des causes qui a également contribué à perpétuer cette injuste réputation d'insalubrité.

MM. les officiers envoyés accidentellement en détachement à Relizane ont trouvé, dans son ancienne réputation, une mine à exploiter, ils l'ont fait avec conscience ; ils ont grossi avec soin les dangers du séjour, afin d'obtenir plus vite de l'avancement.

Les fonctionnaires et agents de l'administration surtout exploitent encore cette situation sans scrupule et avec entrain.

Généralement, après un court séjour, ils demandent, pour cause de santé, un congé qui leur est accordé ; ce congé expiré, ils obtiennent toujours, pour services exceptionnels, un changement de résidence avec avancement.

Et voilà comment la réputation de l'insalubrité de Relizane s'est maintenue dans l'armée et dans l'administration ! Il n'y a cependant rien de plus injuste et de plus faux.

Nous n'entendons pas faire le procès à tous les fonctionnaires civils et militaires dont, les premiers, nous proclamons le mérite et le dévouement.

Nous avons cependant le droit, nous avons le devoir de protester, au nom de la vérité, contre une erreur accréditée qui pourrait, en se perpétuant, porter de graves atteintes à la prospérité du pays.

La lumière doit se faire.

Les registres de l'état civil, il ne peut

pas y avoir de meilleure preuve, fournissent les moyens de la faire briller.

Voici des chiffres puisés à cette source authentique.

Commune de Relizane :

Année	naissances	décès
1877	149	103
1878	157	133
1879	164	162
1880	221	169

Les naissances sont donc, à Relizane, constamment supérieures à la mortalité, tandis que les décès dépassent les naissances dans vingt-sept départements de la métropole.

Ces résultats sont d'autant plus remarquables que l'hospice accueille beaucoup de malades, étrangers à la commune, minés par la maladie et condamnés sans espoir, et qu'un certain nombre de naissances, appartenant, de droit, à Relizane, s'inscrivent, pour des causes diverses, dans des localités voisines.

Et si l'on établit une comparaison avec quelques villes prises au hasard, cette comparaison ne lui sera pas désavantageuse.

Le nombre moyen de décès annuels par mille habitants est de

    41   à   Vienne.
    40   à   La Réole.
    37   à   Berlin.
    34   à   Marseille.
    33   à   Relizane.
    28   à   Toulouse.
    27   à   Nantes.
    27   à   Paris.
    23   à   La Bastide-de-Sérou.
    14   à   Philadelphie.

Le nom de Cayenne donné autrefois à Relizane n'a donc plus, aujourd'hui, aucune signification ; et celui qui persisterait encore à donner à cette ville cette renommée qu'elle ne mérite pas ferait preuve ou d'une insigne mauvaise foi, ou d'une ignorance coupable.

HISTORIQUE DE LA QUESTION

DES CASERNES

L'autorité militaire, en choisissant l'emplacement où devait s'élever la ville de Relizane, avait en vue de relier solidement le littoral au sud.

Elle fondait sur la future ville de grandes espérances.

C'est, en effet, un point stratégique important, en ce sens que Relizane, à cheval sur la route du sud, à une distance de cent vingt-cinq kilomètres d'Oran et de soixante kilomètres de Mostaganem, devait être le centre de toutes les opérations militaires de la province et le magasin destiné à approvisionner les places fortes de Zemmorah, Thiaret, Ammi-Moussa, ainsi que tous les petits postes intermédiaires.

Par sa situation topographique, Relizane commande complètement la tribu des Flittas et sert de trait d'union pacifique entre les nombreuses tribus des hauts plateaux, et les tribus de l'immense plaine de la Mina, autrefois continuellement en guerre ouverte.

C'est au marché de Relizane que toutes ces tribus apportent leurs grains, leurs denrées ; leurs intérêts s'y confondent, les vieilles haines s'émoussent par un contact journalier.

Toutes ces considérations auraient dû déterminer l'autorité militaire à mettre une garnison dans un centre si privilégié.

On est même surpris que cette petite ville n'ait pas encore obtenu satisfaction à cet égard.

Elle n'a cependant rien négligé pour obtenir ce résultat.

En 1863, l'Administration avait déjà décidé, en principe, la construction des casernes ; lorsque la malencontreuse idée vint à six habitants de Relizane, les plus autorisés, d'adresser une pétition à M. Deligny, général de division, commandant la province d'Oran, pour demander la suppression du régime militaire.

Cette pétition déplut à cet officier général. Elle eut pour résultat immédiat de faire retirer le détachement du génie, la compagnie de discipline, et de suspendre tous les travaux en cours d'exécution.

Six ans plus tard, en 1869, le Conseil municipal demanda à M. le général Wimphen, alors en tournée administrative, un mur d'enceinte pour la ville et une garnison ; il s'engageait à participer à cette dépense dans une proportion importante.

A cette demande, le général répondit à peu près en ces termes :

« Je reconnais toute l'importance de Re-

« lizane ; vous avez voulu voler de vos pro-
« pres ailes, il est difficile maintenant de
« revenir sur le passé ; vous n'avez pas de
« maisons d'écoles, songez à elles et faites-
« en. »

C'était une fin de non recevoir, le Conseil municipal le comprit.

L'amiral Gueidon, gouverneur général de l'Algérie, visita la province d'Oran dans le courant de l'année 1874 : il vint à Relizane ; la population, par l'organe de ses mandataires élus, formula les mêmes demandes.

« Je vais, à ma rentrée à Alger, répondit
« l'Amiral, vous envoyer mon colonel de
« génie ; il étudiera la question, et il me
« soumettra ses plans. »

Effectivement, quelques jours après, M. X..., colonel de génie, arriva à Relizane ; il visita, avec son capitaine d'état-major, toute la ville et ses environs ; un employé du commissariat civil les guidait.

Le résultat de toutes ces études fut que la construction d'un réduit à la maison des eaux, et d'un petit fortin du côté de l'abattoir, suffiraient amplement pour mettre la ville à l'abri d'un coup de main.

Mais ce projet, comme tous les autres, n'a jamais reçu un commencement d'exécution.

Le 31 mai 1876, la ville envoya une députation à M. le général Chanzy pour lui renouveler les vœux de la population, si longtemps méconnus.

M. le gouverneur général l'accueillit avec bienveillance; il lui donna même des assurances telles que tout le monde crut à la prompte réalisation de toutes les promesses.

Le général commandant la division d'Oran, à la même époque, était tellement convaincu de la nécessité de fortifier cette position, qu'il s'engageait formellement à appuyer le projet auprès du général commandant supérieur des forces de terre et de mer.

Tout récemment encore, le Conseil municipal de Relizane, dans sa séance du 12 mai dernier, vient de prendre une délibération relative à cette question des casernes qui préoccupe, plus que jamais, toute la popula-on.

A l'appui de sa demande, il fait valoir la position stratégique de la ville et son importance actuelle ; l'effet moral immense qu'une garnison produirait dans tout le pays, et les grands intérêts industriels et agricoles qu'une pareille décision rassurerait.

Il établit que la sécurité est la première condition pour le développement d'un centre quel qu'il soit.

Or, la sécurité n'est pas complète à Relizane, où des vols à main armée sont tentés et exécutés fréquemment sur le marché.

Le Conseil s'engage en conséquence, au nom de la ville, à fournir à l'Administration une subvention importante, pour l'établissement des casernes.

Nous espérons que les dernières propositions de l'Assemblée communale seront favorablement accueillies.

Mais jusqu'ici, rien n'a été fait. Relizane est toujours une ville ouverte et sans défenses, exposée à un coup de main, et n'ayant pour soutien que l'énergie de ses habitants.

Nous n'incriminons pas les intentions ; nous sommes convaincu que tout le monde veut la prospérité de l'Algérie, mais, il y a eu des fautes commises, et, à notre avis, l'Administration se trompe si elle abandonne ce centre important.

Toutes les fois que des symptômes alarmants sont signalés, qu'il règne une agitation sourde dans les tribus qui parcourent le petit désert de la province d'Oran, Relizane devient un point de mire, et l'Administration se préoccupe beaucoup de cette petite ville.

Ainsi en 1870, craignant une insurrection, l'autorité militaire envoya un détachement de génie, sous le commandement d'un capitaine.

On éleva des barricades dans les principales rues ; des chevaux de frise furent dressés.

Mais ces divers travaux ne garantissaient que la moitié de la ville.

L'autre partie était forcément abandonnée ; elle devenait, par suite, un danger réel, en permettant aux indigènes de s'y installer et d'élever des retranchements.

Depuis cette époque, la ville s'est considérablement agrandie ; le chemin de fer d'Alger à Oran lui a donné une plus grande importance ; cette prospérité s'accroîtra encore par l'ouverture prochaine de la ligne ferrée, par Relizane, de Mostaganem à Thiaret, et de la route nationale de Relizane à Mascara et au Maroc.

Ces différentes voies de communication seront un véhicule puissant de progrès et de richesses ; elles feront forcément, de cette colonie, une ville de deuxième ordre, dans un avenir prochain ; et alors, les regrets pourraient être plus grands, si l'Administration ne se met immédiatement à l'œuvre pour assurer sa sécurité.

IMPORTANCE AGRICOLE

DE LA RÉGION RELIZANAISE

Les terres de la plaine de Relizane sont extrêmement propices à la grande culture des céréales ; elles les produisent en abondance.

Les tribus des Flittas, Méhal, Beni-Ahmed, Mekhalias, Massasna, Oulad-Bou-Ali, Akerma, Bel-Hacel et Sahari ont des rapports fréquents avec cette ville; elles se rendent assidûment à son marché.

La population indigène, dont les produits sont écoulés à Relizane, peut être évaluée à trente mille âmes.

Les céréales fournies par elle, dans une année moyenne, sont environ de 300,000 quintaux métriques de blé, et de 1,500,000 quintaux d'orge.

Le maïs, les fèves, le lin, le sorgho ne sont cultivés que par les Européens.

Les indigènes ne produisent que les fèves qui sont nécessaires à leur consommation.

La plaine fournit des fourrages en abondance et de premier choix.

Mais l'écoulement de ces fourrages n'est pas facile; l'exportation est impossible; les colons n'en font pas de grands approvisionnements, parce que la main-d'œuvre est élevée, et qu'ils deviendraient pour eux un embarras et une non valeur.

Trois cents jardins, chacun d'une contenance de 20 à 25 ares, au nord et à l'est de la ville, forment, autour d'elle, une ceinture de verdure perpétuelle, et fournissent à la population, avec abondance, les fruits et les légumes de l'Europe.

Une grande quantité de fermes ont été construites au milieu des huit mille hectares arrosés ; plusieurs peuvent être considérées comme des fermes modèles.

Nous ne citerons que celles de MM. Cazalis, Sibert, Cordier, Montastier, Noguier, etc., etc.

Parmi les propriétés les plus prospères, parmi celles qui ont le matériel agricole, le plus complet et le plus perfectionné, il est juste de mettre en première ligne la ferme de MM. Coustang et Cie.

Elle se compose de 600 hectares de terres, en plein rapport, dont 70 hectares plantés en vigne.

Cette propriété de grand avenir n'a rien à envier, sous aucun rapport, aux fermes les plus prospères de la mère patrie.

Toutes ces richesses en germe et en plein épanouissement ne devraient-elles pas être protégées plus efficacement ?

Une faible garnison et quelques ouvrages défensifs à Relizane rassureraient tous ces grands intérêts; — ce serait la première étape d'acheminement vers la pacification complète de la contrée.

C'est si vrai, et la population se considère tellement être à la merci d'un coup de main, que si un accident, même futile, se produit sur le marché, les populations Juives et Mozabites sont alors prises d'une terreur folle, et leurs nombreux magasins sont, en un clin d'œil, fermés et barricadés.

C'est parce qu'elles savent, par expérience, que le commissaire de police, les gendarmes et les quelques agents communaux sont impuissants pour réprimer le soulèvement des cinq ou six mille indigènes en rébellion.

AVENIR DE RELIZANE

La prospérité actuelle de Relizane est l'œuvre de quelques années ; les moments difficiles sont aujourd'hui passés; cette petite ville marche vers un bel avenir.

L'administration municipale peut revendiquer pour elle une bonne part dans les résultats acquis.

Le maire de Relizane, homme d'une énergie exceptionnelle, d'un bon sens reconnu, libre et indépendant, bien secondé par des adjoints dévoués, comme lui, au bien public, a toujours su obtenir de l'administration supérieure sa part légitime dans les subventions accordées.

Il a sauvegardé, par d'habiles combinaisons financières, tous les intérêts qu'il avait mission de défendre.

Par des emprunts sagement contractés, il a su dégrever la commune des charges de location d'édifices publics qui sont devenus des bâtiments communaux.

Le budget de la commune n'a pas été surchargé.

Il a eu l'habileté de s'entourer d'un Conseil municipal sage, honnête, dévoué aux intérêts du pays, connaissant bien ses besoins, et ne négligeant rien pour le développement de la prospérité de la ville.

Dans tous les rangs de la population, sans exception, il n'y a qu'une pensée, qu'un sentiment : l'avenir de Relizane.

Quand la création des villages de Fontasso,

de Djilali-ben-Amar et de celui de Sahari, sera devenue une réalité ; lorsque le projet de créer le centre de Semmar, sur la rive droite de la Messarata, dans une plaine splendide, sera devenu un fait accompli, Relizane verra doubler son importance.

Cette ville englobera, alors, dans son rayon tout le bassin de la Mina et du Chélif, les bassins Oued-Riou et Djidiouaïa, jusqu'à l'Hillil et Messarata.

Le territoire de la circonscription de Relizane se divisera de la manière suivante :

Relizane	10.626	hectares.
Inkermann	4.176	—
Saint-Aimé-Djidiouïa	2.442	—
Hamadena	980	—
Oued-Djemaa	1.097	—
Silos	1.100	—
Hillil	2.432	—
Hameau de l'Embranchement	1.000	—
A reporter..	23.853	hectares.

Report ...	23.853	hectares.
El-Amri	1.000	—
Semmar	2.000	—
Agrandissement de l'Hillil	800	—
Total........	27.653	hectares.

Il restera encore entre les mains des indigènes 32,060 hectares, ainsi répartis :

Terres domaniales	2.000	hectares.
Terrain Melk (c'est-à-dire propriété indigène indivisible)..............	11.000	—
Terrain Arch ou Sabéga (terrain dont les Indigènes ont la jouissance par suite de services rendus à l'Etat)..................	16.000	—
Terrains communaux..	3.060	—
Total...........	32.060	hectares.

En réunissant ces deux totaux on trouve que la circonscription de Relizane aura une étendue de 59,713 hectares.

Il y a beaucoup d'arrondissements en France qui n'ont pas cette importance territoriale ; et si l'on remarque surtout qu'une bonne partie de ces terres sont arrosables et que la plus grande partie sont susceptibles d'une bonne culture, l'on peut affirmer avec quelque raison que la ville de Relizane sera élevée, à bref délai, au rang de chef-lieu d'arrondissement. Sa vaste circonscription qui s'étend depuis Ammi-Moussa jusqu'à Bouguirat et depuis Bel-Acel à Raouïa ou Thiaret, renfermant une population de cent mille indigènes et de dix mille Européens, imposera à l'Administration cette mesure légitime comme une nécessité.

En possession de la sous-préfecture et de tous les services publics qui en dépendent, d'un tribunal de première instance, d'un théâtre, dont l'emplacement est déjà choisi, d'une mosquée, d'une synagogue et d'un temple protestant, Relizane, munie de tous les organes essentiels, verra développer sa prospérité.

Le chemin de fer de Mostaganem à Thiaret portera la richesse dans la vallée de la Mina en étendant la colonisation sur de grands espaces.

Pour la construction de cette voie il y a deux tracés : l'un par Aïn-Tedlès, l'autre par l'Hillil ; mais peu importe le tracé qui sera adopté ; tous les deux arrivent à Relizane. L'essentiel pour cette ville, c'est que l'Administration mette vite la main à l'œuvre.

Le morcellement de la propriété, la vente des grands lots existants et le sol transmis à un plus grand nombre de propriétaires transformeront le pays tout entier et feront, de Relizane, une ville de second ordre.

RÉSUMÉ ET CONCLUSION

Dans les premiers jours de l'occupation française, la colonisation a eu à lutter contre des obstacles de toute nature.

Pendant longtemps, la stabilité de notre pouvoir n'était pas assez complète pour permettre au progrès de se développer d'une manière normale.

Il a fallu à nos colons une grande somme d'intelligence et d'énergie pour lutter en même temps contre le climat et l'ennemi.

Il a été fait néanmoins de grandes choses en Algérie : le commerce, l'industrie, l'agriculture ont reçu un grand développement.

Les étrangers eux-mêmes ont rendu un hommage éclatant à l'énergie et à l'activité que les Français ont déployé dans l'œuvre de la colonisation.

De petites villes, nées d'hier, comme Relizane, ont su, par leur activité, se développer, grandir et devenir des villes importantes.

Cette ville demande depuis longtemps des casernes et une garnison ; elle fera de grands sacrifices pour les obtenir.

Pourquoi le commandement ne ferait-il pas à cette ville la concession demandée, puisqu'il est reconnu que la mesure est utile et que l'Administration a trop négligé jusqu'ici de fortifier certains centres d'une importance reconnue ?

La première de toutes les conditions pour assurer la sécurité à nos colons, sécurité qui leur est absolument nécessaire, c'est la vigilance.

L'œuvre de la France n'est pas encore finie en Algérie ; ceux qui émigrent doivent trouver sur le sol algérien la même protection qu'en France.

Les événements qui se déroulent, en ce moment, dans notre colonie, nous prouvent que les moyens employés jusqu'aujourd'hui pour constituer notre conquête, ne suffisent pas et qu'il faut en employer d'autres.

Au début de notre occupation, nous avions en effet deux voies à suivre pour coloniser.

Refouler au loin, dans le pays de la soif, et exterminer les indigènes ; ou les assimiler, les annexer à nous.

Le premier moyen répugnait à notre tempérament loyal et chevaleresque.

Il ne nous restait que l'assimilation, et c'est la voie que nous avons suivie.

Mais nous n'avons pas réussi ; nous avons trouvé devant nous une race fanatique, ayant la haine du Roumi, et ce fanatisme a été une cause perpétuelle de révoltes ;

de soulèvements, qui ont retardé et entravé la colonisation.

Il ne faudrait pas cependant pousser à outrance le système de l'assimilation.

Ce système a eu des résultats contraires à ceux que nous attendions ; au lieu de rapprocher les Arabes de nous, il a creusé le fossé qui les sépare de notre civilisation.

Aujourd'hui une agitation latente règne depuis le Maroc jusqu'à la Tripolitaine ; les indigènes relèvent partout la tête ; ils deviennent arrogants, et tous se préparent à une lutte suprême.

L'heure d'un changement de front a sonné pour nous.

Nous devons rompre avec tout sentimentalisme que les Arabes prennent pour de la faiblesse ; nous devons mettre la terreur du nom français là où nous n'avons pu mettre l'amour du caractère français.

Il faut en finir avec toutes ces insurrections périodiques qui troublent la colonie et menacent tous les intérêts ; nous n'arriverons à ce résultat qu'en redoublant d'énergie et en employant une répression terrible.

Le salut de l'Algérie le réclame.

Frapper fort, avec justice, mais implacablement, c'est le seul moyen de se faire respecter et craindre.

A tout Arabe pris, la torche incendiaire à la main, ou en cas d'insurrection, le code militaire doit être appliqué : LA MORT.

La responsabilité des tribus doit être rigoureusement exigée ; elles doivent livrer à l'autorité militaire les coupables, sinon, les hommes valides de la tribu doivent être décimés.

Détruisons la race s'il le faut, mais assurons-nous les conquêtes de la civilisation.

Dégagé de toutes préoccupations particulières, nous venons dire à l'Administration :

Si vous voulez donner à nos populations algériennes toute la protection qui leur est due ;

Si vous voulez aider toutes les énergies, tous les dévoûments, tous les sacrifices ;

Si vous voulez encourager la colonisation et attirer dans notre grande colonie tous les efforts, toutes les intelligences ;

Si enfin vous voulez faire un acte de bonne Administration,

Assurez par tous les moyens la sécurité de nos colons ;

Fortifiez tous les centres dont vous reconnaîtrez l'importance ;

Réalisez les vœux récemment exprimés par le Conseil municipal de Relizane ; accordez à cette ville une garnison.

En agissant ainsi, vous ferez une œuvre utile et nécessaire.

Ceci nous l'affirmons,

Au nom de nos convictions les plus intimes ;

Au nom des résultats immenses qui ne se feront pas longtemps attendre ;

Au nom de toute la colonie algérienne à laquelle il est dû aide et protection ;

Au nom de tous les colons Relizanais auxquels vous assurerez la possession de leurs biens, acquis par tant de labeurs et de sacrifices.

TABLE

Etat de la colonisation.................................. 5
§ Ier. — L'Algérie avant la conquête...... 5
§ II. — L'Algérie après la conquête...... 13
Relizane 25
§ Ier. — D'Alger à Relizane................ 25
§ II. — Origine de Relizane............. 28
§ III. — La ville de Relizane............. 31
Le marché.. 41
Le village des Nègres 51
Conditions hygiéniques. — Statistique 55
Historique de la question des casernes..... 63
Importance agricole de la région Relizanaise. 71
Avenir de Relizane............................... 75
Résumé et conclusion............................ 81

Foix, imprimerie Ve POMIÈS.